AF223390

© Björn Johansson
Förlag och tryck: BoD
ISBN 978-91-7463-164-7

Introduktion

Denna bok handlar om ett av världens mest vanliga och populära husdjur alla kategorier, undulaten. Undulaten är spridd över hela världen och finns i ett otaligt antal färgvarianter. Det som gjort den så populär är att den är relativt lätt att både få tam och att få ungar av. Att den sen även kan lära sig att prata är så klart även det ett starkt skäl. Undulaten lever i vilt tillstånd i Australien där den lever i stora flockar. Den kom till Europa i slutet av 1800-talet och blev väldigt populär. Jag som skrivit denna bok heter Björn Johansson och har varit verksam inom undulathobbyn i mer än trettio år. I skrivande stund är jag ordförande för Svensk Undulathobby och delegat för World Budgerigar Organisation. Jag är även medlem av tidskriften Fågelhobbys redaktion samt svensk korrespondant för den engelska tidskriften "Budgerigar World". Jag kommer i denna bok inte bara ta upp de vanligaste skötselråden utan även beskriva de olika färger och teckningar som finns. De råd och tips som ges är mina egna grundade på den erfarenhet som jag har. Det kan självklart finnas andra sätt som fungerar lika bra eller kanske bättre. Jag skulle vilja passa på att tacka Ingvar Löfberg för allt jag lärt mig av dig genom åren samt till XL-ZOO som hjälpt till med framtagningen av denna bok. Jag hoppas att du som läsare kommer att uppskatta denna bok och att ditt intresse för den underbara undulaten ska öka genom mera kunskap.

Trevlig läsning!

Australien

Historia

- *I det vilda*

Undulaten kommer ursprungligen från Australien. Där lever den i flockar med flera hundra individer. Dessa flockar lever och häckar i kolonier. Undulatens viktigaste föda i det vilda är gräsfrö, men den äter även andra fröer som den kommer åt. I början kallades undulaten för grass parakeet på engelska, eller gräsparakit på svensk. Detta just för att den oftast sågs på grässlätterna runt om i Australien. När undulater i det vilda häckar så gör de det som sagt i kolonier. Det innebär att flocken hittar stora träd med hål att häcka i. Undulaten gnager upp hålet till en passande storlek och använder de avgnagda träbitarna som underlag för äggen. I ett och samma träd kan alltså flera par häcka samtidigt. I det vilda så är tillgången till vatten det allra viktigaste. Det innebär att undulaten oftast häckar i närheten av vatten. Tyvärr så innebär detta att man samtidigt får problem med andra djur som rör sig kring vattnet. Ormar och ödlor är ett stort problem eftersom dessa lätt kan komma åt att plundra bona. Undulaten har fått många namn av urinvånarna i Australien genom åren. Padda-moora, Pa-thara, Kilykilyhari, Betcherry-gah och Budgery-gah är en del av dessa. De två sistnämnda är mycket lika det engelska namnet på undulat, Budgerigar.

- *Undulatens spridning i världen*

De första undulaterna kom till europa och England år 1840. Ansvarig för detta var den engelske naturforskaren John Gould. Samtidigt som undulaten spreds i europa så hade andra länder runt om i världen börjat importerat stora mängder undulater. I Japan så var intresset stort och priserna höga. Idag är undulaten spridd som husdjur över hela världen och det finns undulatföreningar i samtliga världsdelar. En bidragande orsak till denna spridning var Englands kolonisering. England skickade folk till sina kolonier runt om i världen och självklart tog man med sig sina undulater på resan.

- *Utvecklingen från "liten" till "stor"*

De första undulaterna som importerades var reltivt små och korta jämfört med de stora utställningsundulaterna av idag. Men hur har detta då gått till? De vilda undulaterna är inte längre än femton centimeter och relativt små i kroppen. Under åren efter första världskriget så var intresset stort för undulater runt om i europa. Fram till andra världskriget så var det fler och fler som började odla och ställa ut undulater. År 1925 så startades den första undulatföreningen i England. Det var efter andra världskriget som utvecklingen av utställnings-undulater började ta riktig fart. Den stora utvecklingen kom med en fjädermutation av undulaten som kallades för Longflights. Dessa hade betydligt större och bredare fjädrar än de vanliga undulaterna. De var även nästan dubbelt så stora som de vanliga undulaterna med betydligt längre vingar och stjärtpennor Problemet var att de inte var särskilt fertila. Detta löstes genom att korsa dessa med de mindre vanliga undulaterna. Var dessa undulater kom ifrån är inte riktigt kartlagt men dom ändrade undulatens utseende för all tid. Under denna tid kom det fram fler och fler färgvarianter som spreds bland uppfödarna. Dessa gjorde självklart sitt till att höja intresset för undulaten. Det är ett par namn som måste nämnas i detta sammanhang. Uppfödare som gjorde stora insatser under denna tid var Ken Farmer och Harry Bryan. Ken Farmer var den som först lyckades med att korsa Longflights med vanliga undulater och Harry Bryan är kanske världens mest berömda undulatuppfödare genom tiderna. Han var en pionjär när det gällde att ta fram och och utveckla både nya färgvarianter och ändra undulatens utseende. Harry Bryan var både framgångsrik uppfödare och utställare i över femtio år. Under det senaste åren så har utställningsundulaten återigen ändrat lite form. Det som ändrats mest är fjädrarnas sätt att växa på huvudet. Idag vill man att fjädrarna växer mer diagonalt ut från näbben istället för rakt upp som förr. Detta kallas med ett finare ord för "directional feathering". Man talar även om "Buffalo-effekten" d.v.s att fjädrarna växer neråt från näbben för att då kunna liknas med ett buffelhorn. Den person som den här gången lett utvecklingen är en tysk vid namn Jo Mannes. Denna utveckling har hela tiden gått sida vid sida med uppfödningen av de mindre undulaterna som är lika populära nu som då.

Anatomi

- Könsbestämning

Att könsbestämma en vuxen undulat är inte särskillt svårt om den är i bra kondition. Hanar har blå vaxhud och honor brun. Denna regel gäller dock endast vuxna fåglar i bra kondition. En hane blir inte riktigt blå innan första ruggningen. Innan första ruggningen är näbben mer rödrosa i färgen.   Denna färg stannar kvar på en del färgvarianter såsom lutino och dansk brokigt även i vuxen ålder. Honorna blir bruna på vaxhuden efter första ruggningen. En undulathona som inte är brun på vaxhuden kan ibland tas för hane eftersom näbben kan bli blå ute på kanterna. Detta kan i vissa fall försvåra könsbestämmningen. Det finns dock ett lätt sätt att se skillnaden även i dessa fall. En hona har alltid en vit ring runt näsborren. Så även om kanterna är blå så ser man det på de vita ringarna. Detta ser man även på ungar.

- Storleken

Det finns idag i stort sett två sorters undulater.
Den vanliga undulaten och den så kallade engelska undulaten, eller utställningsundulat som den även kallas.
Utstälningsundulaten är framavlad för att bli större och bredare än den vanliga. Det enda som skiljer de två åt är dock just storleken. Det går att para dessa tillsammans utan problem.

- Kondition

Det talas ofta om att undulaten skall vara i kondition, men vad menas egentligen med det? Det finns ett antal olika "konditioner" som undulaten kan vara i. Fjäderkondition är ett ord som används för att beskriva undulatens fjädrar. Är den i ruggning eller på väg in eller ur? Fattas det några spots, vingpennor eller stjärtpennor? Man pratar även om utställningskondition, vilket innebär att undulaten måste vara i perfekt fjäderkondition, inget får fattas. En tredje kondition är häckkondition. För att en undulat skall vara i häckkondition så behöver den inte vara i perfekt fjäderkondition. Den behöver dock vara i perfekt fysiskt skick för att orka med att häcka. Honor visar att de är i häckkondition genom att börja gnaga på pinnar och trädgrenar. Hanar genom att bli mer aktiva.

- Ålder

Att bestämma ålder på en vuxen undulat som inte är ringmärkt är näst intill omöjligt. Efter det att undulaten ruggat två gånger så anses den vara vuxen. En del fåglar kan dock behöva tre ruggningar för att vara färdigutvecklade. En ung undulat som inte ruggat första gången är lätt att känna igen. Den har fortfarande kvar de svarta markeringarna i pannan, ungspots, en mattare kroppsfärg och en annan färg på vaxhuden är vuxna undulater. Genomsnittsåldern för en undulat lär ligga på runt tio år men beror till stor del på den skötsel och omsorg den får.

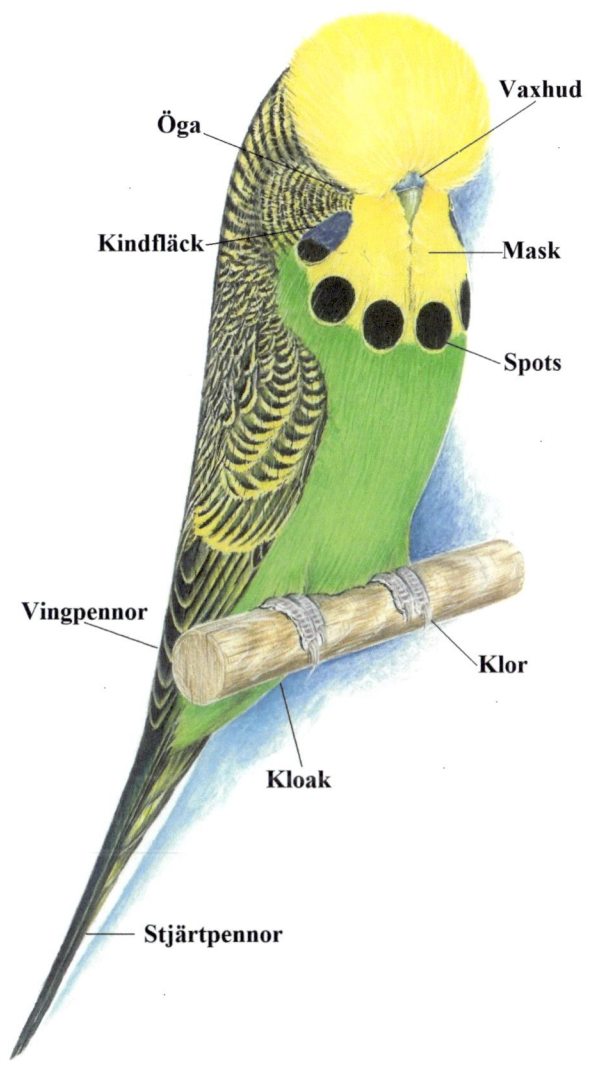

Öga

Vaxhud

Kindfläck

Mask

Spots

Vingpennor

Klor

Kloak

Stjärtpennor

7.

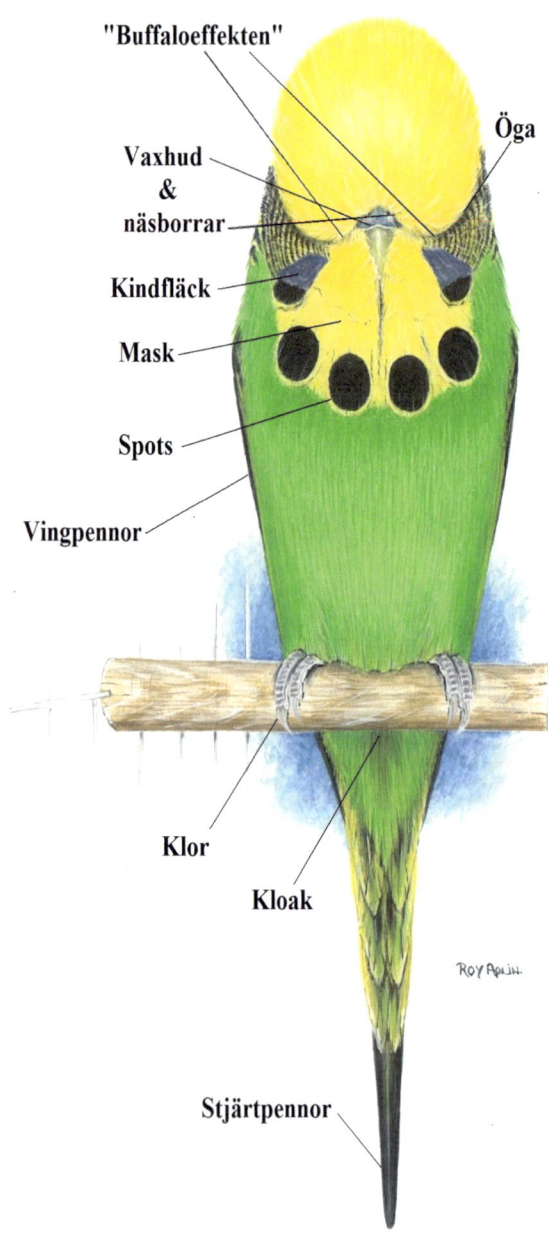

"Buffaloeffekten"

Öga

Vaxhud
&
näsborrar

Kindfläck

Mask

Spots

Vingpennor

Klor

Kloak

Stjärtpennor

8.

Inköp och skötsel

- Tänk efter före

Innan man köper sin första undulat så bör man tänka på en del saker. Precis som med vilket annat husdjur som helst så innebär en undulat ett stort ansvar. En sak man bör tänka särskilt på innan man köper en undulat är om det finns dammallergi i familjen. Undulaten avger nämligen ett fint vitt damm precis som många andra parakiter och papegojor. Man bör även vara säker på att man har tid för den dagliga skötsel som krävs för en undulat.

- Inköp, var och hur?

När man så bestämt sig för att köpa sin första undulat så infinner sig genast nästa fråga, var? Det första många tänker på är zooaffären. Om man har svårt att hitta en zooaffär så kan man vända sig till ZOORF som är zoohandelns riksförbund som kan hjälpa till. Inom zoobranschen så finns det som med allt annat bra affärer och mindre bra affärer. Försök hitta en affär där du känner att personalen vet vad den pratar om när det gäller just undulater. Det andra alternativet är att köpa direkt från en uppfödare. Det finns ett antal uppfödare runt om i Sverige. För att komma i kontakt med dessa så kan man kontakta sin lokala fågelförening. Fördelen med en uppfödare är att man oftast kan få mer uppgifter om sin undulat. Uppgifter som kan vara bra att ha längre fram. En uppfödare bör lämna ut ett stamkort med uppgifter om födelsedatum, färg, föräldrar mm. Dessa uppgifter kan som sagt vara bra att ha om man t.ex vill häcka med sin undulat när den blir äldre.

- Jordbruksverkets regler

"Jordbruksverkets föreskrifter för hållande, uppfödning och försäljning av djur avsedda för sällskap och hobby". Det är namnet på de regler och lagar som finns och som Jordbruksverket ger ut och som revideras allt eftersom. Dessa regler talar t.ex om burstorlek, antal fåglar per bur mm. Om man vill läsa dessa så finns dom att få hos Jordbruksverket.

- Undulaten

När man så bestämt sig så gäller det att veta vilken variant av undulat man vill ha. Det finns ett stort antal färger och teckningar att välja mellan så utbudet är stort. Det som är viktigt att veta innan man köper sin undulat är om man vill ha en unge eller en äldre fågel. Om man vill ha undulaten tam så är det att föredra att köpa en så ung fågel som möjligt. Det går självklart att få även äldre undulater tama men det tar betydligt längre tid. Man bör även tänka på om man vill ha en hona eller hane. Det är lika lätt att få dom tama men beteendet skiljer sig en del. Hanar är oftast nyfiknare och har lättare att acklimatisera sig än honor. Honor har ett naturligt beteende att gnaga och bita, vilket kan uppfattas som rätt störande, framförallt om man vill hålla på med sin fågel mycket. Vill man ha en ensam undulat så brukar rekommendationen vara att köpa en hane. Dock skall det sägas att två undulater går att få lika tama som om man har en ensam och det är alltid att föredra att ha två stycken. Om man ska ha fler än två undulater tillsammans så spelar könet ingen större roll.

Hur gammal ska då undulatungen vara vid inköp?

En undulatunge är självständig vid sju till åtta veckor. När man köper en unge så är det mycket viktigt att man vet att den klarar att äta och dricka själv. Se därför till att noga observera ungens beteende innan du köper den.

- Pinnar och trädgrenar

De pinnar som man får med när man köper en bur är oftast i plast och runda. Dessa pinnar är inte det bästa för undulatens fötter som mår bäst av pinnar som är av olika storlekar och modeller. Det bästa man kan använda är trädgrenar av fruktträd, undvik barrträd eftersom dessa kan släppa kåda. Grenarna måste rengöras ordentligt innan man sätter in dom i buren. Pinnarna eller grenarna placeras i burens ytterkanter så att undulaten får så stort utrymme som möjligt att flyga på. Om man inte vill eller kan använda trädgrenar så försök att använda pinnar av olika tjocklek och modell.

- Buren

När man köper sin bur så finns det några saker man bör tänka på. Det är alltid bättre med en lång bur än en hög bur eftersom undulaten tycker om att flyga. En bur kan aldrig bli för stor bara för liten. Buren som man köper måste ha ordentliga luckor så man kan komma åt inuti buren. Det bör även finnas en lucka för en eventuell holk. Tänk på att köpa en bur där gallrets storlek är avsedd för undulater. Om man transporterar sin undulat mycket så kan det vara värt att skaffa en transportbur. Dessa finns i många varianter och utseenden Tänk dock på att undulaten måste kunna sitta rakt upp på en pinne utan att slå huvudet i taket.

Var ska man då placera buren? Det finns en del saker att tänka på. Buren får aldrig stå i direkt solljus under hela dagar. Den får ej heller stå i drag mellan två fönster eller dörrar eftersom undulaten är väldigt känslig för drag och lätt kan bli förkyld.

Undulaten måste kunna känna sig trygg i buren. Det innebär att man helst bör placera den i ett hörn eller mot en vägg. Placeras buren t.ex mitt på ett golv så kommer undulaten titta sig omkring hela tiden och inte kunna slappna av. På sommaren kan buren gärna placeras på en balkong eller liknande. Tänk dock på detta med draget och placera den i ett hörn. På botten i buren används oftast fågelsand. Den rekommenderade storleken är 0.8-1.2. Många använder sandpapper vilket även det fungerar bra. I dagsläget finns det även träflis att köpa. Detta fungerar väldigt bra och rekommenderas starkt. Som avslutning så skall nämnas att man självklart bör följa Jordbruksverkets regler när det gäller storleken på buren.

- Matskålar och vattenrör

Matskålar och vattenrör finns i en oändlig variation. Det finns dock några saker man bör tänka på. Ett vattenrör måste gå att ta isär för rengörning. Man använder varmt vatten och borste till detta. Det är väldigt viktigt att göra rent ordentligt eftersom det lätt bildas bakterier. En del vattenrör går även att använda till frön. Detta rekommenderas ej då fröskalet lätt blir liggande över de resterande fröna. Matskålar liksom vattenrör finns i både bra och dåliga modeller. En bra matskål är tung och inte alltför djup. På en del burar finns det frökoppar i plast som hänger på burens sida. Dessa är ej heller att rekommendera eftersom fröskalet oftast blir kvar även här. Matskålen bör ej placeras direkt under en pinne med tanke på avföring.

- Leksaker

Leksaker är något som undulaten verkligen uppskattar. Undulaten är en nyfiken och livlig fågel som behöver mycket stimulans. Det finns en stor mängd olika varianter och modeller av leksaker. Det som uppskattas mest av undulater är utom all tvekan spegeln, gärna satt på en gunga. En annan populär leksak är klockor eller andra saker som låter eller rör på sig på något sätt. En leksak som köps måste vara solid eftersom det annars är lätt för undulaten att gnaga sönder den. Man behöver inte köpa dyra leksaker utan man kan låta sin egen fantasi flöda och fixa leksaker själv. En pingisboll är en bra sak, en tom toalettrulle en annan. När man placerar leksakerna i buren så bör man tänka på att placera dessa i ytterkanten av buren så att man inte blockerar fågelns flygvägar.

- *Vatten*

Undulaten älskar vatten, inte bara att dricka utan även att bada eller duscha i. Det vanligaste sättet att låta undulaten bada på är att sätta upp ett badkar på buren, dessa finns att köpa i zooaffären. Om man istället vill låta undulaten duscha så kan man använda en vanlig blomspruta. Tänk på att använda ljumet eller varmt vatten i sprutan eftersom vattnet kyls ner när det sprutas ut. En undulat som har badat eller duschat tar ett par timmar att torka. Det är därför bäst att inte låta undulaten duscha för sent på dagen utan helst på morgon eller förmiddag. Allt för att hinna torka innan kvällen.

- *Tam och talande*

Att få undulaten tam är inte särskillt svårt, särskilt om man börjar när den är unge. Det som behövs är framför allt tålamod. När man börjar träna sin undulat så måste man vara väldigt försiktig så man inte skrämmer den. Det första man måste göra är att vänja fågeln vid händer. Detta görs lättast genom att hålla kvar handen i buren när man t.ex fyller på frö i matskålen. När man märker att undulaten inte är rädd för handen kan man försiktigt börja närma sig och försöka få den att komma upp på ett finger. Det gör man lättast genom att sätta ett finger under magen på undulaten, föra det uppåt och på så sätt tvinga upp fågeln. Det är viktigt att ta det mycket försiktigt så man inte skrämmer fågeln. När man fått undulaten att acceptera fingret och handen så kan man släppa ut sin undulat för första gången. När man har sin fågel lös utanför buren måste man se till att det inte finns några öppna fönster eller dörrar som den kan smita ut genom. Man måste hela tiden ha översikt av fågeln eftersom den lätt kan fastna någonstans. Försök att träna fågeln så mycket så att den inte behöver jagas när den skall tas in i buren igen, sådana saker skrämmer upp undulaten.

Att få sin undulat att prata är en dröm för många. Tyvärr så är det inte så att alla undulater kan lära sig att prata. Hanar är dom som lättast lär sig prata. Ibland kommer talet helt automatiskt utan träning. Oftast härmar undulaten ett ofta återkommande ljud i sin närhet såsom ringklockor eller telefoner. Om man märker att man har en undulat som verkar ha lätt att lära sig härma ljud så kan man försöka lära den speciella ord. Ett bra knep kan vara att placera buren i ett mörkt rum. Man sitter sedan lugnt bredvid buren och upprepar långsamt och länge de ord man vill att undulaten ska lära sig. Genom att sitta i ett mörkt rum får man undulaten att enbart koncentrera sig på rösten. Tänk på att inte använda för svåra ord eller för långa meningar. Och till slut, bli inte alltför ledsen om det visar sig att just din undulat inte lär sig prata. Det är som sagt inte alla som kan lära sig det.

- *Klo- och näbbklipning*
Det är väldigt viktigt att man regelbundet kontrollerar undulatens klor så att dessa inte blir för långa. En regel är att klon aldrig skall växa uppåt. Det gör att undulaten får svårare att gå. Att klippa klorna kan för många verka svårt. Det går så klart att lämna sin undulat till en zooaffär som kan göra det. Om man själv vill göra det så är det faktiskt inte så svårt, men det finns några saker man måste vara noga med. Det man först måste tänka på är att inte klippa av blodpulpan som går i mitten av klon. Man kan se pulpan om man håller klon mot en lampa. Klipp med en marginal till pulpan så är det inget problem. Skulle man av misstag klippa av pulpan måste man få stopp på blodet snabbt eftersom undulaten inte har särskillt mycket blod i kroppen. För att klippa använder man en vanlig nagelsax. Det underlättar om man är två när man klipper. En som håller fågeln och en som klipper.
Att behöva klippa näbben på sin undulat är betydligt ovanligare än kloklippning. En undulat med för lång näbb kan inte äta så det är mycket viktigt att den inte växer för mycket. Det är betydligt svårare att klippa näbben än klon om man inte är van vid det. Är man osäker så vänder man sig till en zooaffär eller en veterinär. *14.*

- *Övrigt att tänka på*

Undulaten, precis som de flesta andra parakiter och papegojor utsöndrar ett vitt pulverliknande damm. Detta damm är inte bra att inandas och bör torkas bort. Undulaten är som sagt känslig för drag, men, den behöver frisk luft för att må riktigt bra. Se till att ha bra ventilation utan drag så mår den bäst. De flesta täcker över sin bur under nattetid. Det är inget fel, men tänk på att placera en tänd lampa i närheten av buren så att undulaten kan ta sig upp på pinnen om den skulle råka ramla av under natten. Undulaten ser inte särskilt bra i mörker. Det är lätt hänt att undulaten råkar i panik om den inte hittar upp på pinnen snabbt

En bra zooaffär är viktig att hitta för inköp. En sådan är XL-ZOO i Barkarby.

Foder och fröblandningar

- *Fröblandningen*

Fröblandningen som man ger sin undulat är det absolut viktigaste fodret. Det är därför viktigt att man ser till så att den är väl sammansatt så att alla undulatens behov tillgodoses. En väl sammansatt blandning bör bestå av ett antal olika fröer som alla är bra på sitt sätt och tillsammans blir en komplett blandning. Tyvärr så finns det på marknaden en hel del blandningar som inte är sammansatta för undulatens bästa utan mer för plånbokens bästa, d.v.s de är billiga men inte bra. Ett frö som tyvärr saknas i många s.k undulatblandningar är kanariefröet. En bra blandning bör bestå av minst 40% kanariefrö, 50% olika sorters hirs (gul, vit, röd och japan) samt 10% andra fröer som t.e.x skalad havre. Allt detta tillsammans ger en blandning av både magra och feta fröer. För att kontrollera kvaliteten på fröna kan man prova med att gro. Detta görs genom att lägga fröna i vatten i ungefär tjugofyra timmar för att sen läggas på en handduk för att torka. Inom ett dygn bör man se början till en liten stängel från fröet. Ibland måste man kanske blöta fröet flera gånger innan det börjar växa så tålamod krävs. När man köper frö till sin undulat så måste man vara noggran och kontrollera det. Undulatens mage är väldigt känslig för dåligt frö, så det finns en del saker man bör tänka på vid köp av frö. Lukta på det, om det luktar unket eller mögel eller av någon annan främmande doft så bör man ej köpa det. Frö som stått i fuktiga lokaler kan det lätt bildas mögel i vilket är rena giftet för undulaten.

Kontrollera även så det inte finns ohyra i fröet. De vanligast förekommande ohyrorna är frömalar och mjölbagg. Frömalen är en lite brun mal som gärna lever i frön för att senare spridas hemma. Frömalen är inte på något sätt farlig för vare sig undulaten eller människan men mycket irriterande. Frömalen dör om den placeras i kyla, så om man har ett paket med frö som man har frömalar i så placera det i frysen eller kylskåpet så dör dom. Mjölbagg trivs även de förträffligt i frön. Mjölbagg är en liten svart skalbagge liknande ohyra som även trivs förträffligt i andra livsmedel såsom gryn och mjöl. Om man trycker sönder en mjölbagg så uppstår en väldigt stark lukt som är mycket irriterande. Lukten fastnar även på fingrarna. Att bekämpa ohyra kan vara väldigt svårt beroende på de lagar som finns gällande bekämpningsmedel. För hemmabruk så finns det en del bekämpningsmedel. Tyvärr är dessa ofta rätt svaga.

- *Kanariefrö*
Som namnet antyder så är kanariefrö även populärt bland kanariefåglar. Detta frö är basföda för både kanarie och undulat. Tyvärr så är det oftast detta frö som saknas i de så kallade undulatblandningar som finns att köpa på marknaden. De flesta av dessa blandningar innehåller ofta bara någon procent kanariefrö. De flesta blandningarna är oftast bra om man tillsätter kanariefrö, ungefär 40%. Kanariefröet är ett brun/beiget avlångt frö. Det kan variera i storlek och färg beroende på ursprungsland. Kanariefröet är rikt på proteiner och fett och är därför speciellt viktigt vid häckning och ruggning.

- *Hirs*

Det finns ett stort antal olika sorters hirs, de vanligaste är gul, vit, röd, och japan. I de flesta undulatblandningarna hittar man gul och vit hirs och i en del även röd. Hirs är rikt på kolhydrater och är därför ett bra komplement till kanariefröet. En bra blandning bör innehålla minst vit och gul hirs. Japanhirs är tyvärr ett dyrt frö och därför används dessa väldigt sällan i blandningarna. Hirs är som sagt inte lika fett som kanariefrö och bra om man behöver sätta fågeln på diet.

- *Övriga fröer*

Det finns många fröer som används i undulatblandningar som inte är särskillt populära hos undulaten. Exempel på det kan vara linfrö som är ett väldigt fett frö som inte bör användas i stora mängder. Ett frö som är väldigt populärt hos undulaten är solrosfröet, tyvärr även det ett fett frö. Solrosfröet används mest till större parakiter och papegojor men kan även ges till undulaten. Ett frö som påminner om vit solros är safflor. Safflor är en tistelväxt och bör ges i mindre mängder. En del blandningar innehåller hampfrö som är rikt på protein men även fett, så använd i små mängder. Ett par andra är vete och havre som går att ge till undulaten, dock i mindre mängder. Man kan även gro eller blötlägga dessa båda och ge sin undulat.

- *Övrigt om fröblandningar*

De flesta fröblandningar som finns på marknaden är väldigt bra rengjorda och paketerade, men det finns självklart undantag. Är man tveksam så är det bättre att hitta en annan blandning. När man väl hittat en blandning som undulaten verkar tycka om så försök hålla fast vid den. Undulaten är som sagt känslig i magen och kan reagera på fröbyten med t.ex dålig mage eller ruggning. Det är alltid billigare att köpa större kvantiteter frö och därför rekommenderar jag att köpa större mängder. Om man förvarar frö på rätt sätt så håller det länge. Frö skall placeras på ett mörkt, torrt och svalt ställe. Tänk på att frön är väldigt känsliga för fukt och lätt kan mögla.

- *Hirskolvar*

Hirskolvar är väldigt populärt att ge sin undulat. En hirskolv brukar ta slut rätt snabbt efter det att man hängt upp den. När man köper hirskolvar så ska man kontrollera dessa så att de ej är för gamla eller torra. Hirskolvar är bra att ha när man försöker få sin undulat handtam. Lägg en kolv i handen och låt undulaten äta på den. Det är även bra att lägga in hirskolvar när ungarna hoppar ur holken eftersom hirskolvar är lätta att äta för ungarna. Dock bör man tänka på att hirskolven inte innehåller särskilt mycket näring utan mer är ett bra sätt att lära sig äta på.

Kanariefrö

Vit hirs

Gul hirs

- *Frukt och grönsaker*

Undulater älskar frukt och grönsaker, men, det är inte allting som går att använda p.g.a undulatens känsliga mage. Man bör ej ge "starka" saker som tomat och paprika. Exempel på det man kan ge är: morot, sallad, gurka, äpple, spenat, blomkål och broccoli. Se till att frukten eller grönsaken är ordentlig rengjord innan den ges till undulaten. Se upp för grönsaker som är besprutade. Ge heller inte för ofta eller för mycket grönt då undulaten som sagt har en känslig mage. Man kan dock ge varannan dag. Om undulaten skulle få dålig mage så syns det på avföringen som blir lös och grön. Om detta inträffar så måste allt grönt tas bort omedelbart.

- *Övrigt grönt*

Det finns mer av grönt än frukt och grönsaker att ge sin undulat. Man kan bl.a ge maskrosblad vilket är mycket populärt. Se dock till att de är rengjorda ordentligt och ge inte alltför mycket och ofta.

- *Sand*

Sand, sas det förr, behövdes för att undulaten skulle kunna bearbeta skalet på fröna i magen. Detta är dock inte sant, undulaten behöver inte sand till detta utan klarar sig lika bra utan. Dock skall sägas att undulater verkar tycka om att äta sand. Det kan vara eventuella mineraler som man söker efter.

- *Grit*

Grit är sammansatt av krossad sten, snäckskal, kol och sand och täcker upp undulatens behov av mineraler. Det kan ibland vara svårt att få tag i grit, men snäckskal brukar finnas i zoohandeln.Om man använder grit behövs ingen sand. Ger man däremot snäckskal kan man även ge sand.

- *Kalkstenar*

Det finns en hel del olika sorter på marknaden. En del innehåller jod och en del inte. De flesta kalkstenar brukar ofta snabbt malas ner till pulver av framförallt honor. Det finns även kalk i pulverform att blanda med fröna eller i äggfoder. Kalk är viktigt framförallt för honor som häckar. Det tar lång tid för undulaten att bygga upp kalklagret i kroppen vilket gör det ännu viktigare att se till att det alltid finns tillgängligt.

- *Kraftfoder*

Kraftfoder, äggfoder eller uppmatningsfoder, ja, kärt barn har många namn. Undulaten brukar vara väldigt förtjust i kraftfoder och äter så mycket den kan. Vad är då skillnader mellan dessa olika namn på i stort sett samma sak? Äggfoder och uppmatningsfoder används när undulaten häckar och kraftfoder undr resterande tid kan man kortfattat säga. Skillnaderna mellan dessa är ofta hårfina och det är oftast namnet som antyder vad tillverkaren menar. Som namnet antyder så ska äggfoder innehålla ägg. Det är dock inte färska ägg som tillsatts. Om så vore fallet så skulle det bli en färskvara som skulle få ett väldigt kort hållbarhetsdatum. Det finns en del foder som verkar populärare än andra och det gäller att hitta det som just ens egen undulat tycker om. Man kan gärna tillsätta morot och hårdkokt ägg till dessa foder för att göra de ännu bättre. En del foder är torra och måste blötas innan de ges. Tänk på att fodret skall vara fuktigt, inte blött. En annan sak man kan göra är självklart att blanda sitt eget foder. Morot, hårdkokt ägg och bran-flakes används i författarens fågelhus. Man kan ge dessa foder året om men ha noga uppsikt på undulatens avföring och håll upp med det om magen reagerar.

- *Mineraler*

Mineraler behöver undulaten för att bygga upp kroppens ben
och muskler. Mineraler kan man ge i pulverform blandat i
foder eller genom olika sorters stenar.

- *Vitaminer*

Vitaminer är livsviktiga för undulaten precis som för
människan. De flesta vitaminerna som undulaten behöver
finns naturligt i det foder som vi ger. Ägg innehäller t.ex både
A, B1, B2, E och D-vitamin och är alltså en bra sak att ge.
Det finns ett stort antal vitaminpreparat att köpa på
marknaden. En del i pulverform och en del flytande. Det finns
olika uppfattningar om vad som fungerar bäst, att ge i foder
eller i vattnet. Personligen använder jag båda. Om man ger sin
undulat en varierad kost på frö, frukt och grönsaker så behövs
inga extra preparat. Om undulaten blir sjuk och inte äter så är
det bra att ge vitaminer i vattnet

Vitamin	Finns bl.a i	Behövs bl.a för att:
A	Ägg, morot	Förebygga sjukdomar
B1	Ägg, grönt	Nervsystemet
B2	Ägg	Kroppens utveckling
B6	Ägg, grönt	Blodkroppar
C	Frukt & grönt	Förebygga sjukdomar
D	Ägg. Sol	Äggproduktion
E	Ägg	Fertilitet

- *Övriga tillskott*

Det finns massor av preparat på marknaden som sägs förebygga eller tillföra olika saker till våra undulater. En del av dessa är onödiga och dyra medans det finns ett par som kan vara bra att ha.Eftersom jag utgår från att undulaten får en väl balanserad kost med allt vad det innebär av frukt, grönt, frö, kraftfoder ,grit, kalk mm. så återstår det inte så mycket som vi behöver ge extra. Det finns på marknaden olika sorters preparat som bl.a sägs kunna få undulaten att tala eller växa snabbare. Dessa är egentligen inget annat än olika sorters vitamin tillskott. Det finns däremot ett preparat som hjälper till att hålla undulatens mage iordning. Det skapar en bättre magflora och fungerar faktiskt riktigt bra. Preparatet heter Bio-Digest och ges i kraftfodret. Detta är bra att ge eftersom undulatens svaga punkt oftast är just mage och kräva. Det kan även vara bra att ge extra kalk, speciellt inför och under häckning. Undulathonorna behöver mycket kalk för att kunna producera ägg. Det tar många månader för en hona att bygga upp ett kalklager i kroppen så det är väldigt viktigt att det alltid finns kalk i någon form att tillgå.

Dessa produkter används av författaren

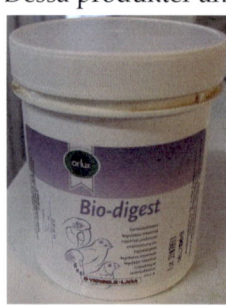  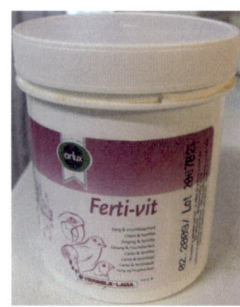

Mage & kräva   Mineraler & kalk   Vitaminer

24.

Genetik

- *Allmännt*

Genetiken hos undulaten är rätt komplicerad och det finns ett antal nedärvningssätt när det gäller färger och teckningar. Det man först bör lära sig är att skilja på färger och teckningar. En del färger är dominanta och andra recessiva och detsamma gäller teckningar. Det finns även könsbundna teckningar att ta hänsyn till. Detta kapitel kommer helt att koncentreras till färger och teckningar. Det finns bl.a nedärvningsscheman för häckningsresultat. Ett ord som kommer förekomma ofta är ordet split. Detta ord används för att beskriva en färg eller teckning som ligger dolt i fågeln. När man skriver så använder man ett / efter den visuella färgen eller teckningen för att markera att det just är i splitform.

- *Dominanta anlag*

Med dominanta anlag menas de anlag som alltid måste synas visuellt på undulaten. Ett dominant anlag kan aldrig bäras i splitform. Denna regel har dock ett undantag nämligen gulmaskat som kan bäras av gröna fåglar men som då inte syns men som trots det finns där. Ett dominant anlag nedärvs till avkomma med 50% oberoende kön. En undulat kan bära på både dominanta, recessiva och könsbundna anlag samtidigt. Ett dominant anlag kan bäras antingen som enkelfaktor eller dubbelfaktor. En del teckningar ändrar helt karaktär om det bärs som dubbelfaktor. Ett exempel är spangle som om den är dubbelfaktor får helt vit eller helt gul kroppsfärg. En dubbelfaktor producerar enbart enkelfaktor ungar vid häck, d.v.s alla ungarna blir i samma teckning oberoende färg och kön.

- *Dominanta färger*
De dominanta färger som finns är samtliga gröna.
D.v.s ljusgrön, mörkgrön och oliv. Att man klassar dessa som dominanta är för att dom är just dominanta över de blå färgerna.

- *Dominanta teckningar*
De dominanta teckningar som finns är spangle & australbrokigt. Dessa nedärvs till 50% oberoende kön.

- *Övriga dominanta anlag*
Det finns ett antal dominanta anlag till som på något sätt ändra undulatens färg eller täckning. Dessa är grå, viol, gulmaskat och antrazit. Ett grått anlag ändrar undulatens normala färg till grågrönt om det är en grön fågel, och till just färgen grå om det är en blå fågel. Viol är ett anlag som kan bäras av alla undulater. Det är dock enbart när det möter den blå färgen kobolt som den färg uppstår som kallas för just viol. Den exakte benämningen är egentligen violkobolt. En undulat som inte är kobolt men som bär på violfaktorn får oftast en skiftning som gör att det kan vara svårt att avgöra exakt vilken färg det rör sig om. En viol ljusgrön ser nästan helt ut som en mörkgrön t.ex. Gulmaskat är ett dominant anlag som ändrar den normalt sett vita färgen på blå eller grå undulater till gul. Även gröna undulater kan självklart bära på detta anlag men då osynligt eftersom de redan är gula. Det finns fyra olika varianter av gulmaskat , Typ1, Typ2, Australensisk gulmaskad och Golden face. Antrazit i dubbelfaktorform gör fågeln nästintill svart.

- *Parningsscheman för dominanta anlag och färger*

Spangle x Normal	50% Spangle 50% Normal
Spangle x Spangle	50% Spangle, 25% Normal 25% Dubbelfaktor Spangle
Dubbelfaktor Spangle x Normal	100% Spangle
Dubbelfaktor Spangle x Spangle	50% Spangel 50% Dubbelfaktor Spangle
Df spangle x Df Spangle	100% Dubbelfaktor Spangle

Ljusgrön x Himmelsblå	100% Ljusgrön/Blå
Ljusgrön/Blå x Himmelsblå	50% Ljusgrön/Blå, 50% Blå
Ljusgrön/Blå x Ljusgrön/Blå	50% Ljusgrön/Blå, 25% Ljusgrön, 25% Blå

- *Recessiva anlag*

De recessiva anlagen är de anlag som det behövs två av för att de skall synas visuellt. Detta är den stora skillnaden mot de dominanta som det bara behövs ett av för att de ska synas visuellt. Det innebär att man behöver para två fåglar som antingen är eller bär det recessiv anlaget för att få visuella ungar. Precis som med de dominanta anlagen så har könet inget med anlaget att göra.

- *Recessiva färger*

De recessiva färgerna är de blå, d.v.s himmelsblå, kobolt och mauve. De är recessiva gentemot de gröna men kan bäras i splitform.

- *Recessiva teckningar*

De recessiva teckningar som finns är dansk brokigt, fallow, vitvinge, gulvinge, saddleback, skuggvinge och gråvinge.

- *Parningsscheman för recessiva teckningar och färger*

Fallow x Normal   100% Normal/Fallow

Fallow x Fallow   100% Fallow

Normal/Fallow x Fallow   50% Fallow
                                   50% Normal/Fallow

Normal/Fallow x Normal/Fallow   50% Fallow
                                   25% Normal/Fallow
                                   25% Normal

Himmelsblå x Himmelsblå   100% Himmelsblå

Himmelsblå x Ljusgrön   100% Ljusgrön/Blå

Ljusgrön/Blå x Ljusgrön/Blå   50% Ljusgrön/Blå
                                   25% Himmelsblå
                                   25% Ljusgrön

Himmelsblå x Ljusgrön/Blå   50% Ljusgrön/Blå
                                   50% Himmelsblå

- *Könsbundna anlag*

Könsbundna anlag är är nog det som kan verka knepigast i undulatgenetiken. Ett könsbundet anlag är kopplat till undulatens x-kromosom. Eftersom hanar har två x-kromosomer så kan dom bära anlaget i splitform medans honor som enbart har en x-kromosom måste bära anlaget visuellt. Det finns inga könsbundna färger utan bara känsbundna teckningar. Könsbundna teckningar kan självklart bäras tillsammans med både recessiva och dominanta anlag. Återigen, tänk på att det bara är hanar som kan vara split för ett könsbundet anlag.

- *Könsbundna teckningar*

De könsbundna teckningar som finns är opalin, isabell, slate, albino, lutino, lacewing och texas clearbody.

- *Parningsschema för könsbundna teckningar*

Hane:	Hona:	Resultat:
Opalin	Normal	Opalina honor Normala hanar/opalin
Normal	Opalin	Normala honor Normala hanar/opalin
Opalin	Opalin	Opalina honor & hanar
Normal/opalin	Normal	Normala hanar & honor Opalina honor Normala hanar/opalin
Normal/opalin	Opalin	Opalina honor & hanar Normala hanar/opalin Normala honor

- *Fjädrar*

De olika sorters fjädertyper som finns är yellow, medium och buff. Med yellow menas en mindre kortare fjäder som ligger tätt inpå kroppen. En buffig fjäder är en längre större fjäder som ger undulaten ett lite större utseende men är svårare att få i bra kondition. Ideal fjädern är medium, ett mellanting mellan yellow och buff. Det är det som uppfödarna försöker få in på sina utställningsfåglar. Isabeller har en lite annorlunda fjädertyp än andra varianter. Isabellens fjäder är ofta mjukare och är därför populär att korsa in på t.ex normaltecknat.

- *Enkel- eller dubbelfaktor*

Som nämnts tidigare så kan alla dominanta anlag antingen bäras som enkelfaktor eller dubbelfaktor. För att få en dubbelfaktor så måste man para två enkelfaktor fåglar med varandra. En dubbelfaktor spangle som paras med t.ex en normaltecknad kommer producera enbart enkelfaktor spangle.

- *Övrigt*

Alla anlag som undulaten bär på förrutom färg och teckningar är även de recessiva eller dominanta. Det kan gälla saker som fläckigt, spots, mask, storlek och eventuella sjukdomar.
Det gäller därför att veta vad ens stam har för dominanta egenskaper kontra de recessiva när man parar sina fåglar.
Detta ur ren utställnings synpunkt såklart.

Färg och teckningsbeskrivningar

- *Allmännt*

Undulater finns i ett nästan oändligt antal färger och teckningar och detta gör att det av utrymmesskäl inte går att beskriva alla. Dom vanligast mest förekomande presenteras dock i detta kapitel.

- *Normaltecknad*

Detta är den teckning som den vilda undulaten bär, därav namnet. En normaltecknad har svart teckning både på vingar och rygg. Normaltecknat fungerar rent genetiskt så att det är anpassningsbart. Normaltecknat finns i alla dominanta varianter. Man kallar t.ex en enkelfaktor spangle för normaltecknad spangle och samma sak med austral brokigt.

- *Isabell*

Med isabell menas att den teckning som hos en normaltecknad är svart här är brun. Ett gammalt namn för isabell är kanelvinge och på engelska heter isabell just Cinnamon vilket betyder kanel. Alla undulatens färg och teckningsvarianter kan vara isabeller. Isabell är ett könsbunder anlag.

- *Opalin*

En opalin skall inte ha någon teckning på ryggen mellan vingarna. Även vingteckningen skall vara uppbruten. Tyvärr så ser man inte riktigt rena opaliner så ofta. Opaliner har en tendens att bära med sig fläckigt, d.v.s svarta fläckar på undulatens huvud. Trots detta så är opalinen både populär och flitigt förekommande framförallt i häckfacket. Detta beror på att opalinen ofta bär på stora spots. Alla undulatens varianter kan bära på opalin som är ett könsbundet anlag.

Normaltecknad grågrön

Normaltecknad grå hane

Normaltecknad ljusgrön hane

Normaltecknad himmelsblå hane

- *Austral brokig*

Austral brokigt, eller dominanat brokigt som den även kallas, är en mycket populär variant. Den skiljer sig inte så mycket från en normaltecknad. En austral brokig skall ha helt vita eller gula vingar. Den har oftast ett antal oregelbundna fläckar med vitt eller gult på kroppen. Ett band över kroppen och en nackfläck är även vanligt förekommande. Det är omöjligt att få en stam med identiska austral brokiga eftersom det brokiga är unikt för varje individ. Austral brokigt har till skillnad mot dansk brokigt irisring och är som sagt ett dominant anlag.

- *Dansk brokig*

En dansk brokig, eller recessiv brokig som den även kallas, är om möjligt ännu svårare eller för att inte säga omöjlig att få att se likadan ut. En dansk brokig har ingen irisring vilket gör den lätt att urskilja från de austral brokiga. Den är ännu mera fläckig över kroppen och vingarna än en austral brokig.

En annan sak som man kan urskilja en dansk brokig på är att hanarnas vaxhud inte blir blå utan rödrosa. Dansk brokiga får oftast ej heller en full uppsättning spots. En split danskbrokig får en vit/gul fläck i nacken.

- *Spangle*

Spangle är den senast mest spridda mutationen hos undulaten. De första kom till europa i början av 1980-talet från Australien och har sen spritts över hela världen. Spangle är en variant där kroppsfärgen är normal medans resterande fjädrar skall ha en svart kant längst ut. Spräcklig skulle nog vara en bra svensk översättning. Det kan hos spanglen vara svårt att få full uppsättning spots. De perfekta spotsen hos en spangle skall vara vita eller gula i mitten med svarta kanter. En spangle är vackrast som normaltecknad. Mixat med isabell eller framförallt opalin så tappar den mycket av sin charm. Allra bäst kommer den till sin rätt om man får den i någon mörkfaktor som kobolt eller mörkgrön eftersom kontrasten mellan vingar och kroppsfärg då kommer helt till sin rätt. En dubbelfaktor spangle skiljer sig helt från enkelfaktorn då den hos blåa undulater blir vit och hos gröna undulater gul. Man kan ofta se en viss skiftning av blått eller grönt i gumpen på dessa. Spangle är som nämnts tidigare dominant.

- *Albino och lutino*

Dessa båda varianter är egentligen samma anlag, ino, fast i två olika färger. En albino är en blå eller grå fågel utan färgpigment och en lutino är en grön fågel utan färgpigment,. Detta gör då även att de blir rödögda. En riktigt, ur utställnings synpunkt, färgad albino skall vara helt vit i kroppen. Detta får man genom att använda grå fåglar och inte blå när man parar med albino. En blå albino uppvisar ett blått sken i kroppsfärgen vilket inte är bra. Hos lutino måste man se upp med så man inte får ett grönt sken i kroppsfärgen. Att använda mörkgrönt eller oliv brukar vara bra. Man säger ofta att skillnaden mellan albino och lutino är att på albinon ska man bara ta bort all färg medans på lutinon måsta man sätta dit den. Med detta menas att det är svårare att få riktigt gula lutino än riktigt vita albino. Lutinon har inte blå vaxhud utan den är rödrosa som hos de dansk brokiga. För att få så bra färg som möjligt är det bästa att para lutino med lutino och albino med albino. Problemet är bara att man lätt tappar storlek och behöver korsa in t.ex normaltecknat. Ino anlaget är könsbundet. 35.

- *Lacewing*

En tredje variant som är rödögd är lacewingen. Detta är en mycket vacker teckning som påminner mycket om lutino och albino med den skilnaden att den även har teckning. Man skulle kunna kalla det för en isabell ino. Lacewing hanar har ej blå vaxhud utan rödrosa. Lacewing är könsbundet.

- *Fallow*

Detta är den fjärde rödögda varianten som finns. Den stora skillnaden är att fallow inte är könsbundet utan recessivt till skillnad mot de övriga rödögda. En fallow saknar stora delar av sitt färgpigment på både kropp och vingar och får därför nästan en isabell aktig teckning mot en ljusare kroppsfärg. Ögonen är som sagt röda, men betydligt mer intensivt röda om man jämför med de övriga rödögda varianterna. Det finns två sorters fallow, den tyska som har irisring och den engelska som inte har irisring. Fallow är tyvärr en sällsynt variant men mycket vacker. Det är dock problem med att få ungarna att överleva. Dödligheten ligger på över 50% hos fallowungar, varför vet man inte

- *Slate*

Slate är en av de mer ovanliga teckningarna som finns. Slate betyder skiffer på svenska och den översättningen stämmer bra med hur denna variant ser ut. Samtliga fjädrar får en mörkare ton än vanligt. Slaten ansågs näst intill utdöd tills för bara några år sedan men har nu börjat byggas upp igen. Slate är könsbundet.

- *Grå och grågrön*

Dessa båda färger är egentligen inga riktiga färger utan den gråa dominanta faktorn som gör gröna fåglar grågröna och blåa fåglar grå. Det grå anlaget sägs vara bärare av storlek och det stämmer nog. Oftast så är de bäst placerade fåglarna på utställningar bärare av det grå anlaget. Den grågröna färgen kan bäst beskrivas som mossgrön eller militärgrön och grå, ja, den är helt enkelt grå. Det kan förekomma skiftningar i båda dessa färger beroende på om de är enkelfaktor eller dubbelfaktor. Grått och grågrönt är vanligt förekommande hos både vanliga undulater och utställningsundulater.

- *Ljusgrön*

Ljusgrönt är den naturliga vilda färgen på undulaten. Ljusgrönt är den ljusaste färgen i den gröna skalan. En ljusgrön bär på två ljusa anlag. Det är en färg med mycket djup i.

- *Mörkgrön*

Detta är den mellersta färgen i den gröna färgskalan. Mörkgröna undulater bär på ett ljust och ett mörkt anlag. Mörkgrönt är bra att använda till lutino.

- *Oliv*

Den mörkaste och mest ovanliga av de gröna färgerna. Oliven bär på två mörka anlag. Oliven påminner mycket om grågrönt till kroppsfärgen och det är ofta svårt att se skillnad.

Skuggvinge grågrön hane   "Full Circular" Himmelsblå tofs hane

Vitvinge himmelsblå hane   Lacewing gul hona

- Generellt om blåa och gröna färger

Man kan säga att ju mörkare fågel desto svårare att få upp storlek och kvalitet. För att få oliv eller mauve måste man para två fåglar som bär på minst ett mörkt anlag. Om man då tänker på att det inte är lika vanligt med mörkgrönt och kobolt som ljusgrönt och himmelsblått så förstår man att antalet mörkfaktor fåglar inte är särskillt stort.

- Himmelsblå

Den ljusaste av de blå färgerna. Namnet är mycket passande då detta verkligen är en himmelsblå färg. En himmelsblå bär på två ljusa anlag.

- Kobolt

Mörkblå skulle nog de flesta kalla denna färg. Det är den mellersta blå färgen och den bär på ett mörkt och ett ljust anlag.

- Mauve

Den mörkaste blå färgen som då bär på två mörka anlag. Mauve kan ibland förväxlas med grått till färgen. En väldigt vacker färg men tyvärr även väldigt sällsynt.

- Viol

Viol är precis som grå ingen egentlig färg utan alltså en dominant faktor som kan bäras av alla färgvarianter. Det finns dock en kombination som kallas för just viol. Det är kombinationen viol och kobolt som ger en visuellt violfärgad fågel. Detta måste vara en av de absolut vackraste färgerna en undulat kan ha. Om man tillsätter isabell och får en isabell viol så blir fågeln så nära röd som det bara går att komma. Övriga varianter som bär på violfaktorn hamnar så att säga lite mittimellan. Man kan ha svårt att skilja en violljusgrön från en mörkgrön .

Lutino hane

Typ2 enkelfaktor gulmaskad h-blå

Isabell kobolt hane

Normaltecknad viol hona

- *Gulmaskat*

Det gulmaskade dominanata anlaget ändrar de blå och grå undulaternas normalt sett vita färg till gul. Det sägs att det finns fyra olika sorters gulmaskat. Typ1, typ2, australisk gulmaskad och golden face. Dessa varianter har tyvärr genom åren blandats så mycket så det idag är i stort sett omöjligt att skilja dem åt. Det finns dock i teorin saker som kan hjälpa till att skilja dem åt. Typ1 och typ2 skiljer sig åt genom att typ1 enbart skall vara gul i masken medans typ2 har gult även i kroppsfärgen. De skiljer sig även åt när det kommer till dubbelfaktor sidan. Typ1 blir då vit i masken medans typ2 fortfarande är gul. Det kan alltså vara svårt att skilja även dessa från de vanliga gulmaskade. Golden face är en variant där det gula är betydligt gulare, dessa sägs vara dubbelfaktorformen av typ2. Tyvärr så har som sagt dessa mixats så mycket så det kan vara svårt att skilja dem åt.

- *Gråvinge*

Gråvinge , som är recessivt, är en rätt ovanlig variant där undulaten endast bär på hälften så mycket pigment som en normal. Detta gör att den får en lite mattare färg och får stålgrå vingpennor. Detta är även en av de varianter där genetiken kan ställa till spratt. Gråvinge är som sagt recessivt men är samtidigt dominant över skuggvinge. Detta har med att göra att de är avvikelser av samma grundmutation.

- *Gul- och vitvinge*

På engelska går dessa under samlingsnamnet Clearwings. Här skall vingarna vara helt vita eller gula med normal kroppsfärg. En recessiv variant.

- *Skuggvinge*

Skuggvingar liksom gråvingar saknar hälften av den normala pigmentet i kroppsfärgen. Det som visuellt skiljer skuggvingar från gråvingar är i det stora bara färgen på vingar, stjärt och kindfläckar. Som nämnts tidigare så är den recessiv.

Dansk brokig kobolt hane

Austral brokig mörkgrön hane

Spangle grå hane

Normaltecknad mauve hane

- *Clearbody*

Clearbody är en lite ovanlig variant men den blir mer och mer populär även i Sverige. Det avvikande här är att den vita eller gula färgen på undulatens mask går ner även i kroppsfärgen och ger ett säreget utseende. Det ger även vingarna ett lite annat utseende, de blir mer gråa än svarta. Det finns två varianter, den vanligare Texas clearbody som är könsbunden (men dominant över ino-anlaget) och den mer ovanliga Easley clearbody som är recessiv.

- *Övriga varianter*

Det finns även ett antal andra varianter som inte nämnts beroende på att de är mycket ovanliga inte bara i Sverige utan även i övriga världen. Den mest vanliga av de ovanliga är nog tofsundulaten. Den finns i tre varianter, tufted, half circular och full circular. De tre namnen är beskrivningar på olika sorters tofs. En annan variant som är väldigt ovanlig är saddleback. En saddleback har en grå skiftning i fjädrarna på ryggen. En annan mycket mer ovanlig variant är japane crest. Detta är en variant av tofsundulaten, men där undulaten även har tre stycken fjädervirvlar som påminner om propellrar, en på vardera vinge och en på ryggen. Den gulmaskade varianten rainbow finns även den. Det riktiga namnet är dock gulmaskad opalin vitvinge, men den går under benämningen rainbow. Antrazit är den senast erkännda mutationen för utställningar. Antrazit är ett dominant anlag som när det bärs i dubbelfaktorform gör fågeln nästan svart. En annan väldigt ovanlig variant är halfsidern. På en halfsider så är halva kroppen i en viss teckning och färg medans den andra delen har en helt annan teckning och färg. En variant som inte nämns särskillt ofta är den som byter färg när den ruggar första gången. Mottled kallas den och har faktiskt förekommit i Sverige.

- *Mutation, vad göra?*
Om man misstänker att man fått fram en ny mutation så finns
det en del saker man bör göra. Först fotograferar man fågeln
ur alla vinklar som finns. Man skriver ner så mycket som
möjligt om fågeln och eventuella förändringar i fjäderdräkt
mm. Det viktigaste är dock att låta undulatkunniga människor
ta en titt på fågeln. Det förekommer rätt ofta att folk tror att
dom fått fram en ny mutation eftersom dom inte vet något om
bakgrunden på sina undulater. Om man då får en totalt
annorlunda färgvariant än föräldrarna så är det lätt att börja
undra. Skulle fågeln dö innan någon annan hinner titta på den
så var inte rädd för att lägga den i en plastpåse i frysen.

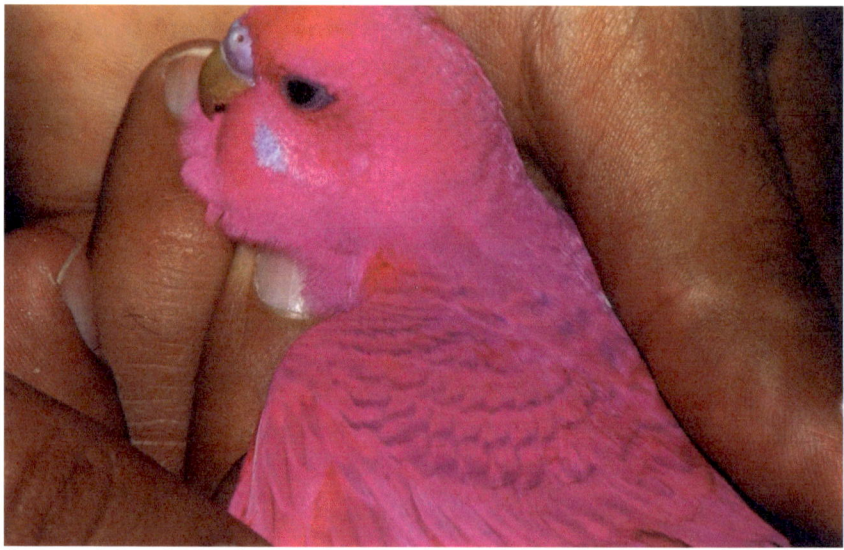

Röda undulater? Nej, det finns inte. Den här undulaten har blivit färgfodrad
och den röda färgen försvann så fort man slutade med det.

- *Kindfläckar och stjärtpennor*

Det kan ibland vara svårt att avgöra exakt färg på sin undulat. Det finns dock en sak som underlättar, nämligen färgen på undulatens kindfläckar och stjärtpennor. Färgerna på dessa varierar från variant till variant. I tabellen listar jag några av de mest förekommande

Variant	Stjärt	Kindfläck
Normaltecknat	mörkblå	viol
Grå & Grågrön	svart	grå
Australbrokig grön	gul	viol
Australbrokig blå	vit	viol
Lutino	gul/vit	vit
Albino	vit	vit
Lacewing vit & gul	brun	svagt viol
Spangle grön	gul	viol/silver
Spangle blå	vit	viol/silver
Danskbrokig grön	gul	viol/vita
Danskbrokig blå	vit	viol
Skuggvinge grön	ljusare än kroppen	silver/vit
Skuggvinge blå	vit/blå/grå	svagt blåviol
Skuggvinge grågrön	svagt grå	svagt grå
Skuggvinge grå	svagt grå	svagt grå
Gråvinge grön	grå	svagt viol
Gråvinge blå	grå	svagt viol
Gråvinge grågrön	mörk grå	svagt grå
Gråvinge grå	mörk grå	svagt grå

Häckning

- *Inför*

När man för första gången tänker sätta sina undulater i häck
finns det några saker som man först bör fråga sig:

- Vet jag tillräckligt mycket om undulatens beteende för att
  häcka?
- Vet jag vad som krävs för foder?
- Vad ska jag göra med eventuella ungar?

Dessa frågor och fler därtill tas upp i detta kapitel.

- *Innan man börjar*

Innan man sätter sina undulater i häck så måste man se till så
att undulaterna är i häckkondition. Det innebär att fåglarna är
pigga och i bra kondition och intresserade av att häcka. Hur
ser man då det? Hanar som är i häckkondition blir mer aktiva
än vanligt. Honor börjar ofta gnaga och bita på allt de kommer
över. Honorna blir oftast även mer bruna på vaxhuden.
Om man tycker att ens undulater är i häckkondition så sätter
man igång. Det bör dock påpekas att det inte alltid är så lätt att
få ungar som man kan tro och hoppas. Undulater är flockdjur
som helst häckar i kolonier där atmosfären är viktig.
Detta innebär att det kan vara svårt att få igång ett ensamt par.
I detta läge har en uppfödare som häckar med flera par
samtidigt en stor fördel just p.g.a atmosfären. Många har en
radio som står på för att få upp atmosfärljudet. En viktig fråga
att ställa sig innan man börjar är som sagt vad man ska göra
med ungarna. En normal kull består av mellan fyra till sex
ungar och det normala är att få två kullar. Det innebär att man
kan börja med ett par för att sluta med över tio. Oftast så har
man inte plats för alla ungarna och därför bör man kolla med
t.ex sin lokala zooaffär om dom är intresserade av att köpa
eventuella ungar.

- *Hur gammal?*

Undulaten blir könsmogna vid ungefär sex månaders ålder. Men man bör inte häcka med den före ett års ålder. Ibland förekommer det att uppfödare sätter yngre fåglar i häck, framförallt honor. Hanar verkar bli könsmogna tidigare än honor men detta stämmer inte. Om man inte är helt säker så bör man som sagt vänta tills undulaterna är minst ett år gamla.

- *Buren*

Om man endast har ett par undulater att häcka med så låter man dom självklart vara kvar i den vanliga buren. Man bör dock ta bort eventuella leksaker för att inte distrahera fåglarna allt för mycket. Om man har fler par i samma bur så måste man sätta upp fler holkar än vad det finns honor eftersom konkurensen om holkarna blir stor.

Det optimala är dock att ha sina par just parvis i en egen bur.

- *Holken*

En undulatholk kan se ut på många sätt men ändå fungera lika bra. En bra holk ska:
- vara lätt att göra ren
- vara lätt att hantera ungarna i
- ha en konkav
- gå att hänga upp på ett bra sätt

En del holkar har krokar som medföljer för uppsättning. Tyvärr så fungerar dom ibland inte till alla sorters burar och då får man skaffa egna krokar. En holk som uppfyller de saker som nämndes ovan är en holktyp som kallas för "box in a box" eller "holk i holken" på svenska. Det betyder att man har en insatts i holken som kan dras ut och på det sättet underlätta rengörning och kontroll.

I holken bör man ha sågspån eller kutterspån. Spånet får inte vara för smått eftersom det då kan uppstå ögonirritationer. Spån för kaniner och marsvin brukar vara bra, runt en centimer stora bitar är perfekt. Tänk på att kolla så spånet är ordentligt rengjort. Spån används av två orsaker, dels för att hålla äggen på plats och dels för att underlätta städningen. I början av häckningen så brukar honan slänga ut det spån man lägger in. Detta för att det inte finns något att gnaga på som hade varit det optimala. Lägg in mer spån tills honan slutar med att slänga ut det. Det är som sagt viktigt med en ordentlig konkav för att hålla äggen på plats i holken. Konkaven skall vara minst en centimeter djup och fem centimeter bred. En konkav är viktig även efter det att ungarna är kläckta. Detta för att inte honan ska ligga för tungt direkt på ungarna utan att det ska finnas plats under.

- *Äggen*
Normalt lägger undulathonan sina ägg med två dagars mellanrum. Detta kan dock variera från hona till hona. Äggen är väldigt ömtåliga och måste behandlas mycket försiktigt. Ett undulatägg är vitt men blir om det är befruktat mer klart vit. Man kan se på ett ägg om det är befruktat efter ungefär fem dagar. Då ser man blodådror i ägget. Ett bra sätt att kontrollera om ägget är befruktat är att hålla det framför en lampa. Då ser man som sagt blodådror i de befruktade äggen. Ett undulatägg tar ungefär arton dagar innan det kläcks och honan lägger normalt mellan fyra och åtta ägg. Självklart kan antalet variera från individ till individ. Under tiden som honan lägger sina ägg så får hon även kraftigare avföring. Man kan märka äggen med en filtpenna om man vill ha bättre kontroll på när ägget är lagt. Använd en penna med vattenlöslig skrift.

- *Ungarna*

När ungarna kläcks är dom helt blinda och rödrosa i kroppsfärgen. Om man skall ringmärka ungen görs detta vid ungefär åtta dagars ålder. Efter ungefär fyra veckor så börjar ungarna bli intresserade av livet utanför holken. En del kan ramla ut lite för tidigt och bör läggas tillbaka i holken igen. Ungarna brukar vara helt redo att lämna holken vid fem veckors ålder. Ett stort misstag som sker i samband med att ungarna lämnar holken är att ungen säljs eller av annan anledning tas bort från föräldrarna. En ung undulat måste vara självständig i minst en vecka innan den tas från föräldrarna. Det innebär att man måste vara säker på att den äter och dricker själv.Det är bra att använda hirskolvar när ungarna hoppas ut eftersom dom lättare lär sig äta från dessa.

Det händer att föräldrarna börjar lägga nästa kull ägg innan alla ungarna har blivit självständiga. Om detta sker så måste man vara observant så att inte föräldrarna skadar ungarna. Om man får problem med att föräldrarna skadar ungarna så måste man, om man kan, flytta ungarna till ett annat par. Om man inte har flera par så kan man bli tvingad till att handuppmata. Handuppmatning är något som associeras till papegojor där det är vanligt förekommande men fungerar även på undulater. Det finns några metoder att använda sig av men det beror även på hur små ungarna är. Man kan t.ex använda en sked som man vinklar upp sidorna på så att undulaten äter därifrån. Den metod som rekommenderas är dock en annan. Man använder en vanlig spruta som man placerar ett ventilgummi på. Ventilgummit förs sedan ner direkt i kräfan på fågeln och maten sprutas in. Detta kan verka svårt men man lär sig snabbt. Det viktiga är att inte vara för snabb med att spruta in maten.

Man måste även se till att verkligen vara i krävan, annars kommer ungen att kräkas och det finns då risk att den kvävs. Man för försiktigt ner ventilgummit över undulatens tunga, detta är oftast inte alltför populärt. En unge kräver mycket mat så man måste mata den varannan timme. Helst ska krävan aldrig vara riktigt tom. Det finns uppmatningsformula att köpa i zoohandeln.

- *Ringmärkning*

Vid ungefär åtta dagars ålder så bör man ringmärka sin unge. Detta går till så att de två främre tårna tillsammans med den långa baktån läggs ihop framåt och att ringen förs över dessa. Ringen förs ner över benet och över den kvarvarande baktån som hjälps fram med hjälp av t.ex en tändsticka. På ringen finns information som kan vara viktig att ha. På ringar köpta genom fågelföreningar i Sverige så finns följande information: Namnet på föreningen, t.ex SUH, medlemsnumret, t.ex J156, födelseåret och ett löpnummer från 1 och uppåt. Genom att ringmärka sina fåglar så kan uppfödaren ha total kontroll på varje enskild individ.

Metod for att ringmarka en ungfågel.

1.Håll fågelen i handen och andvänd tumme och pekfinger till att hålla foten sammla de tre langsta tårna frammåt.

2. trä ringen över de tre tärna.

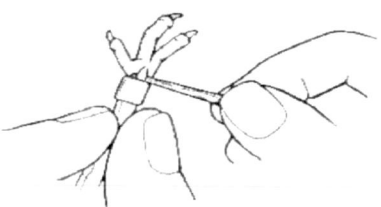

3 Andvänd en tand petare eller en spetsad trästicka till att peta ut den fjärde tån så att ringen sitter på benet.

4 Nu ska ringen sitta som den ska på benet.

- *Extra foder under häckning*

När undulaten häckar så är det viktigt att man ger den ett extra tillskott så att den klarar att mata ungarna. Det finns s.k äggfoder att köpa i zooaffären och dessa fungerar oftast bra. Man kan göra egen blandning som beskrivs under Kraftfoder i kapitlet Foder och fröblandningar. En annan sak man kan ge är blötlagd havre. Havren läggs i vatten över natten, sköljs ordentligt och låts sen torka i t.ex ett durkslag någon timme innan den ges. Tänk på att ta bort överbliven havre som inte äts upp eftersom den lätt kan börja jäsa. Det är viktigt att undulatparet både innan och under häckning har tillgång till kalk för att kunna producera bra ägg. En hona med kalkbrist lägger ägg med dålig kvalitet, tunna skal och de är oftast obefruktade.

- *Ungfåglar*

Ungarna ska som nämnts innan vara kvar hos föräldrarna tills de är helt självständiga. Detta inebär att man tar bort ungarna allt eftersom de blir klara. Ungarna bör sättas i en egen bur tills de har ruggat första gången vilket sker vid tre månaders ålder. Nu är de inte längre ungar utan kallas ungfåglar. Ungfåglarna ruggar igen vid ungefär sex månaders ålder. En undulat räknas som ungfågel fram till ett års ålder. En undulat är inte helt fullvuxen innan den har ruggat två eller kanske tre gånger.

-   Linjeavel eller outcross?
Det finns två skolor när det gäller på vilket sätt man avlar med
sina utställningsundulater. Man pratar om linjeavel, d.v.s
undulaterna har några eller någon gemensam släkting bakåt i
tiden. Och man pratar om outcross där fåglarna är helt
obesläktade. Det finns fördelar med bägge dessa och de
beskrivs lite närmare här. Att linjeavla innebär oftast att man
har en viss speciell fågel som man vill försöka återskapa.
Ett sätt är då att para denna, oftast en hane, med så många
honor som möjligt. Nästa år så parar man så många av dessa
halvsyskon ihop för att kunna återskapa original hanen.
Man måste sedan givetvis gå vidare för att få fler som ser ut
som original hanen genom fortsatt avel med dessa första
ungar. Man måste ibland slå in obesläktade fåglar i stamen för
att hålla uppe kvaliteten och fertiliteten. Detta måste dock
göras med sparsamhet för att inte komma för långt från
original hanen.Tyvärr får man inte bara ungar med de bra
anlagen utan även de med de eventuella dåliga anlagen man
inte vill ha. Ungarna som uppvisar de dåliga anlagen skall ej
användas vidare. Styrkan med ett sådant här tillvägagångssätt
är att få en familj som påminner mycket om varandra.
En familj som är stark på vissa saker. Det kan tyckas verka
oetiskt att para halvsyskon tillsammans men detta görs bara
första året. Fördelarna med att häcka på s.k outcross vis är att
man aldrig bara har en familj igång utan flera på samma gång.

- *Problem som kan uppstå*

Under häckningen så kan det inträffa en del saker som inte är särskillt välkomna. Det vanligaste är at t äggen inte är befruktade, detta kan bero på många saker. Hanen eller honan är inte i häckkondition,störande ljud omkring buren eller att honan tillbringar för mycket tid i holken så att inga parningar hinner ske. Det finns fler men dessa är nog de vanligaste. Man hör ofta att undulater är infertila för att man inte fått ungar efter den. men sanningen är att det är en mycket låg procent av undulaterna som verkligen är infertila. Problemet ligger någon annanstans. Undulater har cykler där man är mer eller mindre benägen att ge befruktade ägg. Det gäller att hitta dessa cykler tidsmässigt. En sak som kan drabba honor under häckning är s.k värpnöd. Det innebär att ägget fastnar i kloaken och inte kan komma ut. Om detta sker så märker man det på att honan sitter och pustar och verkar andfådd. Hon sätter sig oftast även på botten med uppburrade fjädrar. Det är viktigt att få ut ägget så fort som möjligt utan att det går sönder. Man kan använda en del knep för att få ut ägget. Ett är att försiktigt massera runt kloaken för att på det sättet få ut ägget. Man kan hålla fågeln över ånga för att lätta upp trycket runt ägget. Om inget av detta fungerar måste fågeln omedelbart tas till veterinär. Under häckningen så förekommer det att honorna plockar av dunet på ungarna. Detta är inget farligt men man måste vara noggrann och kontrollera så att inte de riktiga fjädrarna plockas bort, då kan det bli allvarliga skador. Det finns andra saker som kan inträffa. En sak är s.k fransk fällning. Fransk fällning uppstår genom näringsbrist hos föräldrarna, oftast i slutet av häcksäsongen. Fransk fällning kommer i två olika varianter. I båda fallen så tappar ungarna både vingpennor och stjärtpennor.

En variant innebär att de växer ut helt normalt medans den andra gör att de aldrig växer ut. Exakt vad allt detta beror på och hur den uppstår är omtvistat. Rönen talar om ett virus, Polymaviruset. Undulater som drabbats av fransk fällning får inte automatiskt egna ungar med det utan oftast helt normala ungar. En annan sak som kan inträffa, dock väldigt sällan, är att man får en "feather duster". Det är helt enkelt ungar vars fjädrar inte slutar växa utan kan bli flera decimeter långa. Dessa ungar dör oftast inom ett par månader p.g.a näringsbrist.

Holk av typen "Box in a box"

Häckfack i författarens fågelhus

Författarens fågelhus

Sjukdomar

- *Allmännt*

Undulater precis som människor blir sjuka ibland. Problemet är att undulaten inte kan tala om när och var den har ont. För oss undulatägare så gäller det alltså att lära oss att se på vår undulat när den inte mår bra. Detta görs lättast genom att observera vår undulat när den är frisk. Då märker vi lättare när den får ett annorlunda utseende och beteende. Undulaten kan drabbas av många olika sjukdomar och åkommor. En del av dessa beskriva i detta kapitel.

- *Veterinären*

Veterinären är djurens motsvarigheten till våra läkare. Om undulaten blir sjuk och man själv inte är 100% säker på att man kan bota det själv så bör en veterinär kontaktas. Försök om möjligt att använda samma veterinär så blir det lättare att få en personlig kontakt och det blir även lättare för veterinären att känna till just din undulats sjukdomshistoria. Tyvärr så verkar det inte vara särskilt populärt bland veterinärer att inrikta sig just på fåglar. De flesta veterinärer har dock en grundutbildning och klarar de vanligast förekommande åkommorna.

- *Förkylningar*

Undulaten har relativt lätt för att bli förkyld. En förkyld undulat kan precis som vi människor få rinnande ögon, bli snoriga och må allmänt dåligt. Det första man ska göra är att placera fågeln i värme. En mindre bur med en lampa i ena hörnet är perfekt. Man får ej sätta värme över hela buren eftersom fågeln måste få chans att välja hur mycket värme den vill ha. En sjuk fågel måste alltid isoleras om man har flera i samma bur. Om fågeln inte ser ut att bli frisk inom någon eller några dagar så kontakta veterinär. Att förebygga förkylningar görs lättast genom att minimera chansen till att undulaten ska bli sjuk. En väl sammansatt kost och en dragfri miljö underlättar. En undulat kan självklart även bli smittat av ett virus. Då kan bara veterinären hjälpa.

- *Mage och kräva*

Undulatens känsligaste delar är utan tvekan mage och kräva. En undulat reagerar snabbt på t.ex dåligt frö. En av de vanligaste sjukdomarna hos undulaten är problem i krävan. Detta går att bota men man måste komma igång med medicineringen ganska omedelbart. Symptomen på att det är något fel är tyvärr liknande de vid nästan alla sjukdomar hos undulaten, uppburrada fjädrar och allmännt trött. Undulaten äter och dricker även ovanligt mycket när det handlar om krävesjukdomar. Man kan likna det vid våra magkatarrer eller magsår. Ett lätt sätt att känna igen denna åkomma är att känna på undulatens bröstben. Det känns vasst om den är sjuk. En frisk fågel har en full kräva medans en sjuk har tom kräva. Undulatens avföring säger oftast mycket om hur den mår. En normal avföring skall vara fast och inte alltför stor.Var noga med att rengöra undulatens fjädrar runt kloaken om det fastnar avföring där. I värsta fall kan det stoppa upp så ingen avföring kommer ut. Om din undulat uppvisar symtom för mag eller krävsjukdom så måste du omedelbart starta medicinering eller vända dig till din veterinär.

- *Going light*

Detta uttryck används ofta bland undulatuppfödare för att beskriva ett tillstånd snarare än en sjukdom. Med "going light" menas en fågel som tappat i volym, sitter uppburrad, äter och dricker mycket och hellre vistas på burbotten än på pinnarna. Oftast är det en mag eller kräv åkomma som framkallat detta tillstånd.

- *Scaly face*

Detta är en parasit som lever på undulaten. Framförallt runt näbben och på fötterna. Det kan man märka genom att det bildas en gråfärgad utväxt på de ställena. Den här parasiten kan man få bort genom att kväva den. Till detta använder man förslagsvis vaselin som smörjs in på de drabbade ställena. Det är viktigt att hålla på i minst en vecka, gärna tio dagar. Det finns två olika parasiter, en som sprids och en som inte sprids. Den som sprider sig sprids mycket snabbt så isolera alltid drabbade fåglar.

- **Mask**

Undulater som vistas utomhus i voljärer kan drabbas av mask. Detta fås genom kontakt med vilda fåglar. Det behöver inte vara fysisk kontakt utan det räcker med t.ex avföring från en vild fågel. Har man fåglar i utomhusvoljärer så bör dessa avmaskas. Det kan i vissa fall vara bra att avmaska även om man inte har sina fåglar ute. Det kan ju faktiskt vara så att man köpt en ny fågel som har masken med sig. Avmaskningsmedel kan köpas hos din veterinär.

WBO's idealbild för utställningsundulater

58.

Utställningar och uppfödare

- *Allmännt*

Det kan verka konstigt för många att tävla och ställa ut sina undulater. Det är dock mer förekommande än man kan tro. I Sverige så finns det två undulatklubbar som arrangerar ett antal utställningar varje år. Utomlands är intresset dock betydligt större. I England och Tyskland arrangeras hundratals undulatutställningar varje år. På dessa utställningar räknas inte antalet undulater i tiotal eller hundratal utan i tusental. På de större utställningarna så är även zoobranschen rikligt närvarande vilket gör det mycket intressant för fågelintresserade. För att en fågel ska kunna vinna en utställning så behöver den uppfylla vissa kriterier. Den måste bl.a vara försedd med en sluten fotring som talar om vilket år den är född. I detta kapitel kommer jag ta upp en del saker som rör utställningar och vad man ska kunna begära av en uppfödare.

- *Utställningsregler*

Precis som i alla andra sporter så finns det regler för hur en utställning skall gå till. I dessa regler så bestämms t.e.x vilken klass de olika varianterna skall tävla i. Det finns ett antal olika klasser beroende på kön, ålder och färgvariant. Även hur undulaten skall ställas ut, d.v.s i vilken sorts bur, vilket frö som får användas och vilket vattenrör som är godkännt kan finnas med. I utställningsreglerna fastslås även i vilken ordning bedömningen skall ske för att få fram rätt vinnare i slutändan. Utställningsreglerna varierar från land till land och föreningen till förening beroende på antalet fåglar, men påminner i stort sett mycket om varandra.

- Domare

Naturligtvis finns det även domare på utställningarna.
Antalet beror helt och hållet på antalet fåglar som är anmälda.
För att bli domare måste du uppfylla vissa krav samt genomgå
en domarutbildning. För att få dömma internationellt bör man
även vara uppsatt på den internationella domarlistan hos
WBO.

- Utställningsburen

Buren som undulaterna sitter i under utställningarna kan vid
första anblick verka lite underlig i format och storlek.
Buren kan lättast beskrivas som en svart låda med galler på
framsidan och sluttande tak bak. Den är vitmålad på insidan
och har två sittpinnar. Det är lätt att få intrycket att buren är
för liten, och det är den ju också om man jämför med de
normala burarna. Anledningen till detta är givetvis att
underlätta vid bedömning. Dock skall sägas att undulaten är
tränad till att sitta i buren och inte tar någon större skada av
detta. På botten skall det finnas frö som fågeln är van vid och
vattenrör sitter alltid uppe utom vid själva bedömningen.

- Bedömning

Under bedömningen så får man på en del utställningar
närvara om man är utställare. I Sverige är detta vanligt
medans man på de större utställningarna utomlands oftast
inte får det. Detta beror självklart på antalet utställare.
För mycket folk under bedömningarna skulle då störa både
fåglar och domare.

- *Idealbild*

För att underlätta för domarna så har det framtagits en idealbild som beskriver den optimala utställningsundulaten. Under år 2008 så antogs en ny idealbild av WBO som godkänndes av samtliga medlemsländer.

- *Förberedelser*

Att förbereda sina undulater för utställning kan verka svårt, men det är det inte, man lär sig efter ett tag. Förberedelserna börjar redan i holken där man vänjer fåglarna vid att bli hanterade av händer. Att ha lugna fåglar är en stor fördel vid utställning. Ungarna vänjs vid att vistas i utställningsbur redan som mycket små. Många utställare har en utställningsbur kopplad till den större buren när ungarna är små, allt för att de ska lära sig vistas i den under lugna och säkra former. Under undulatens uppväxt trappas träningen upp och fåglarna blir mer och mer vana vid att vistas i den. Ibland dyker det upp undulater som inte tycker om att vistas i buren av någon anledning. Man får då avgöra om man vill fortsätta träna eller låta bli att ställa ut den. Om det är en bra utställningsfågel så finns det några tricks man kan försöka sig på för att fågeln att sitta lugnt på pinnarna. Att fylla på lite vatten på burbotten kan fungera. Likaså att lägga pingisbollar på golvet eller att vända buren upp och ned. Att duscha undulaten i utställningsburen hjälper även det till att lugna ner fågeln, och få den att gå upp på pinnarna. När man börjar närma sig utställning så finns det vissa saker man bör göra för att maximera chanserna till att fågeln skall gå bra på utställningen. Att duscha undulaten gör den inte bara lugn utan ger självklart även en renare fjäderdräkt. Man kan även blanda i ett milt barnschampo i vattnet.

Under de två sista månaderna så bör man separera de fåglar som skall ställas ut. Detta för att minska riskerna för att de skall skada sig på något sätt bland ett större antal. Det är även lättare att lägga på fågeln lite mera vikt i en mindre bur än i en större. De förberedelser som måste göras för att få fågeln i utställningsbart skick är bland annat att plocka spotsen.
Det skall endast finnas sex stycken visulla spots under utställning. Att plocka spots lär man sig bäst under icke utställningsperiod och man får helt enkelt lära av sina misstag. Det tar ungefär sex till sju veckor för ett spots att växa ut och många utställare rycker därför spotsen ungefär två månader innan utställningen för att vara säkra på att det skall finnas vid tid för utställning. Man bör som utställare vara väldigt restrektiv med de undulater man ställer ut. En fågel som verkar det minsta sjuk får absolut inte ställas ut. Det är, trots all träning, ett viss stressmoment att ställas ut och det innebär att det enbart får ställas ut friska fåglar. Det är väldigt sällan som det händer att fåglar blir sjuka eller skadade under utställningar. Dessa fåglar tas direkt bort från utställningen och ägaren får ta hand om dem.

- *Efter utställningen*
När man kommer hem med sina fåglar från en utställning är det viktigt att de får lugn och ro ett par dagar för att lättare kunna återhämta sig. Det är viktigt att fåglarna får äta och dricka i lugn och ro. Man bör ge kraftfoder för att ge fåglarna lite extra näring.

- Undulatuppfödare

Det finns ett stort antal uppfödare av olika slag, inte bara i Sverige utan i hela världen. En del håller enbart på med s.k vanliga undulater i liten skala, och en del håller på med utställningsundulater i stor skala. Det kan vara svårt att definiera ordet uppfödare, men kriterierna för att kunna kalla sig uppfödare tycker jag borde vara "en person som regelbundet föder upp ett större antal undulater". Att vara uppfödare, inte bara av undulater, kräver en hel del kunskap. Det är mycket man måste ha koll på för att det skall lyckas. Om man har ett eller några enstaka par så är det självklart lättare än om man har uppåt hundra par i häck samtidigt. De flesta uppfödare är anslutna till undulatklubbar och på så sätt organiserade på ett bra sätt. Uppfödare bör använda slutna ringar för att kunna ha full kontroll på sina ungar. På dessa ringar finns följande information: förening, medlemsnummer, årtal och ett löpnummer.

Som uppfödare så måste man kunna hjälpa de som köper fåglar av en. Man måste kunna hjälpa till med relevant information om fågeln såsom födelsedatum, färg, föräldrar mm. Ett stamkort underlättar mycket vid en försäljning.

En av de svåraste saker man som uppfödare kan råka ut för är när en fågel man just sålt dör av någon anledning. Oftast vill köparen då ha en ny fågel och det kan lätt uppstå konflikter. Det är som säljare väldigt svårt att lämna någon garanti på djur som man själv inte har uppsikt över. Det en köpare dock skall kunna förvänta sig är att kunna köpa en likvärdig fågel till reducerat pris.

- Fågelhus

De flesta större uppfödare har sina fåglar i ett avskiljt fågelhus eller fågelrum. Det kan vara en källarlokal, ett rum eller ett eget hus. Allt detta för att kunna erbjuda så stora och bra utrymmen som möjligt. En av få negativa sakerna med undulater är dammet som bildas. Detta är även det en anledning till att ha sina fåglar separerade från den privata bostaden. Ett välutrustat fågelhus bör innehålla ett antal häckburar, en eller flera större voljärer eller burar, samt någon sorts fläktutrustning, både för in och utluft. Naturligt ljus från fönster är viktigt för fågelns välbefinnande och kan bara till viss del ersättas med lysrör. Om man dessutom har rinnande varmt och kallt vatten samt avlopp så är det väldigt bra.

- Voljär

Ordet voljär som används inom fåglhobbyn är bara ett annat ord för en större bur. Ofta så bygger man dessa om man har ett större antal undulater. Om man har möjlighet att bygga även en utomhusdel så blir undulaterna glada. Man bör om man bygger utomhusvoljärer tänka på vissa saker. Den kan dra till sig vilda fåglar så man behöver ett tak.
En säkerhetsdörr är bra att ha och dubbla nät kan vara att föredra.

- Häckfack

Ett häckfack kan beskrivas bäst som ett skåp med gallerfront. När man bygger häckfack så bygger man oftast så att man har utdragbara skivor mellan burarna så att dessa kan användas till ungarna efter avslutad häckning. Storlek och modell varierar kraftigt från uppfödare till uppfödare.

Föreningar och litteratur

- *Allmännt*
Det finns tyvärr inte så många undulatböcker att hitta på den svenska bokmarknaden. De som finns är översatta från något annat språk och fackgranskningen är ofta bristfällig. Om man däremot inte har något emot att läsa på engelska så finns det en hel del bra böcker. Tyvärr så hittar man inte dessa i bokhandeln eller i zooaffären utan man får leta på annat håll. De flesta fågelföreningar i Sverige vet hur och var man kan skaffa utländsk litteratur. I dessa föreningar finns även mycket information om både fåglar och allt annat runt omkring hobbyn. Detta kapitel kommer att handla om de föreningar som finns runt om i Sverige och utlandet samt en del om den litteratur som finns.

- *Svensk Undulathobby, SUH*
SUH är en specialklubb för undulater som vänder sig till alla som är intresserade av undulater, stora som små.
SUH arrangerar utställningar, föredrag och möten runt om i Sverige.

- *Svenska Undulatklubben, SUK*
SUK är även det en specialklubb som riktar sig till folk med undulater.

- *Svensk Fågelhobby, SF*
Svenska Fågelhobby är den riksorganisation som fågelföreningarna runt om i Sverige samlas i. SF arrangerar SM och ger även ut tidskriften Fågelhobby med ett antal nummer per år.

- *World Budgerigar Organisation, WBO*
WBO är en världsorganisation där alla världens undulatföreningar är med. Inom WBO jobbar man för att få gemensamma regler och standards. WBO jobbar även med marknadsföring av undulathobbyn på olika sätt

- *Utländska föreningar*

Det finns ett antal undulatföreningar runt om i världen. I norden så finns det två stycken i Danmark, Danska Undulatklubben, DUK och Danska Utställningsundulater, DUU. I Norge finns Norska Undulatklubben, NUK. Europas största finns i Tyskland, AZ, men den kanske mest kända i England, B.S. Om man vill ha kontakt med uppfödare i andra länder så vänder man sig bäst till sin fågelförening.

- *Budgerigar World, BW*

BW är en engelsk tidning som utkommer månadsvis enbart inriktad på undulat. Det finns även en systertidning vid namn Wellensittich Welt som är på tyska.

- *All about.....*

All about.... är en serie av böcker som handlar om uppfödare runt om i världen. I varje bok presenteras fyra uppfödare som specialiserat sig på någon special variant. I dessa böcker får man en inblick i hur dessa uppfödare sköter sina fåglar och vilka tankar de har i en massa frågor. Det är givetvis även en hel del bilder på deras fåglar. Bokserien är skriven av Fred Wright och Roy Stringer.

- *Best in Show och The Challenge*

Detta är två av de mest kända och uppskattade böckerna som skrivits om undulater. Författare till dessa är den kände engelske undulatprofilen Gerald Binks.

- *The cult of the budgerigar*

Detta är för många undulatuppfödare "husbibeln". Boken är skriven av William Watmough och var länge den mest kända och mest uppskattade undulatboken som fanns.

Register